Le Noël de Balthazar

*Pour ma petite Ruby May,
de ta grande Auntie EM.*
E.L.K.

*À Papa, Maman, Alain et Stéphane,
aux Noëls féeriques qui ont marqué
notre enfance... pour toujours.*
M-H.P.

*À ma maman et à mon papa,
Jocelyne et Claude Fontaine.*
C.F.R.

Éditrice : Claire Cagnat
Conception graphique : Raphaël Hadid - Mise en pages : Philip Garcia
© Hatier, 8 rue d'Assas, 75006 Paris, 2014 – ISBN : 978-2-218-97192-1
Tous droits de reproduction, de traduction et d'adaptation réservés pour tous pays.
Loi n°49 956 du 16 juillet 1949 sur les publications destinées à la jeunesse.
Dépôt légal : 97192 1 / 04 - Août 2017.
Imprimé en France par Clerc s.a.s. – 18200 Saint Amand Montrond

Emma Kelly
Marie-Hélène Place

Le Noël de Balthazar

Illustré par
Caroline Fontaine-Riquier

Dans la maison de Balthazar,
la fête se prépare.

Papa apporte le sapin
et maman descend les guirlandes
du grenier.

C'est la dernière journée avant Noël,
se dit Balthazar.

Cette année, il souhaite offrir
un très beau cadeau
à son petit Pépin.
Mais il n'a pas d'argent dans sa tirelire.

Alors, il met ses mitaines,
son écharpe, sa cape et ses bottes
et ramasse par terre
ce qu'il possède de plus précieux,
sa collection de billes merveilleuses.

Balthazar prend la lanterne et sort sous la neige...

...pour se rendre au coin de la rue,
dans le magasin de monsieur Merlin.

Comme d'habitude,
monsieur Merlin est occupé à ranger.

Il y a des trésors si vous cherchez bien !
se répète Balthazar.

Balthazar cherche... il cherche...

Jusqu'au moment où, finalement, il trouve un petit homme de bois.

Il sera parfait comme conducteur pour le beau train en bois de Pépin, se dit-il.

Balthazar demande à monsieur Merlin,
le marchand du magasin,
s'il accepterait son extraordinaire collection
de billes en échange du petit homme de bois.

Monsieur Merlin accepte
et Balthazar rentre à la maison.

Pendant ce temps, Pépin réfléchit.
Il veut absolument offrir quelque chose
à Balthazar qui lui fera vraiment plaisir.

Mais ses poches sont vides.

Alors, il met son écharpe, son manteau,
ses bottes et, sous son bras,
il emporte son jouet le plus cher :
son beau train en bois.

Pépin sort sous la neige pour se rendre au co

la rue, dans le magasin de monsieur Merlin.

Pépin trouve vite ce qu'il cherche :
un coffret en bois laqué.
Il sera parfait pour l'extraordinaire collection
de billes de Balthazar, se dit-il.

Pépin demande à monsieur Merlin
s'il accepterait son beau train en bois en échange
de ce coffret en bois laqué.

Monsieur Merlin accepte
et Pépin rentre à la maison.

Dans la maison en fête, après un grand repas,
on partage la bûche de Noël.

Les douze coups de minuit sonnent
à la pendule du salon.

C'est l'heure d'ouvrir les paquets !

Balthazar et Pépin échangent leurs cadeaux.

Avec beaucoup d'excitation,
Pépin déballe le sien.
C'est un conducteur pour son beau train en bois.
Mais il n'a plus de train en bois !

À son tour, Balthazar ouvre son paquet.
C'est un coffret pour sa collection de billes.
Mais il n'a plus de collection de billes !

Que vont-ils faire ?
Que vont-ils dire ?

Au même instant,
on entend frapper à la porte.
Les deux amis courent ouvrir.

Sur le seuil, se tient monsieur Merlin,
le marchand du magasin.
Il tend deux cadeaux,
l'un pour Balthazar, l'autre pour Pépin.

Ébahis,
ils déballent bien vite leurs paquets.

- Mon extraordinaire collection de billes !
s'exclame Balthazar.
- Mon beau train en bois ! crie Pépin.
Ils font une ronde de joie.

Subitement, ils s'arrêtent.
Que vont-ils donner à monsieur Merlin pour Noël ?

Mais doucement, silencieusement,
monsieur Merlin s'est effacé,
sans laisser de traces dans la neige...

 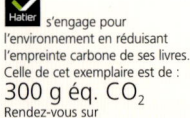 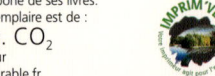